肉の作りおき

オーブンに放りこむだけ！

橋本彩子

もくじ

はじめに

オーブン、使っていますか？　なんだか面倒くさそう……と思っているのなら、それはとてももったいないことです。コンロが埋まっていても一品作れますし、なにしろ放っておいても料理ができあがるというお得感、安心感はなにものにも代えられません。

本書はそんなオーブンを使って作りおきの主菜を作ろう！という本です。ややこしいことはありません。なにしろ下処理をした豚かたまり肉や鶏肉を放りこんで、焼くだけですから。そうしてできあがった肉のおかずは、そのまま食べてもおいしいですし、ソースで味変も楽しめますし、ほかの料理にアレンジもできるという、とっても便利な作りおきになってくれます。

かたまり肉の調理は難しい？　いえいえ、温度を一定に保って加熱することができるオーブンなら、いくつかのポイントさえ押さえれば、驚くほど上手に、ふわっと優しく食材に火を入れることができます。

作りおきは飽きる？　いえいえ、作りたてはいっしょに焼いた野菜たちとそのままのおいしさを味わい、翌日以降は気の向くままにアレンジして食べることもできます。肉にはすでに火が通っていますから、どんな料理もあっという間に完成。気分に合わせてさまざまな食べ方ができるので、食べ飽きることがありません。

オーブンの扉を開けたときの充実感と、冷蔵庫の中に作りおきがある安心感。そんな感覚をぜひ味わってほしいと、本書には日常を助けるカジュアルなおかずから、お気に入りの器に盛りつけたくなるようなごちそうまで、幅広く取り揃えました。日常も非日常も、おいしく、楽しく、健康的に——そんな欲張りさんに、この本が届きますように。

FOODLETTER　橋本彩子

肉によく合うソース

本書で紹介する肉や魚の作りおきは、もちろんそのまま食べてもおいしいのですが、これらのソースをつけることでまた異なるおいしさを楽しむことができます。お好みでどうぞ！

A／マヨマスタードソース
B／ピリ辛ケチャップ
D／オレンジマヨネーズソース
E／マヨチーズソース

A／

マヨネーズ大さじ3、粒マスタード小さじ2、にんにくのすりおろし小さじ1/3を混ぜ合わせてできあがり。**丸鶏のハーブ焼き**（→P56）、**豚ひき肉のパテ風**（→P64）によく合います。その他、サンドイッチのソースにしたり、野菜スティックに添えてもおいしいです。

B／

トマトケチャップ大さじ3、豆板醤小さじ1、はちみつ小さじ1を混ぜ合わせてできあがり。「ピーマンの肉詰め」（→P68）で使用しています。コロッケやナゲットなどの揚げものやつくねによく合います。

C／

玉ねぎのみじん切り1/4個分と長ねぎのみじん切り1本分に熱した油大さじ2と塩小さじ1/2をかけて混ぜ合わせればできあがり。**鶏胸肉の湯せん焼き**（→P48）にぴったり。そのアレンジ料理「鶏肉飯風」（→P52）でも使用しています。ほか、**丸鶏のハーブ焼き**（→P56）、**メープルしょうゆ焼き豚**（→P16）にもよく合います。冷奴や卵焼きにも。

D／

マヨネーズ大さじ3、オレンジマーマレード大さじ1、白ワイン大さじ1/2、塩・こしょう各少々を混ぜ合わせてできあがり。**ローストビーフ**（→P72）にぴったり。そのアレンジ料理「ローストビーフのサンドイッチ」（→P79）でも使用しています。**焼き塩豚**（→P8）、**鶏胸肉のヨーグルトみそ漬け焼き**（→P40）、**鶏胸肉の湯せん焼き**（→P48）、**丸鶏のハーブ焼き**（→P56）にもよく合います。スティックサラダなどにも。

E／

マヨネーズ大さじ3、粉チーズ大さじ1、プレーンヨーグルト（無糖）大さじ1、オリーブオイル大さじ1を混ぜ合わせてできあがり。「ビリヤニ風」（→P36）、「チキンシーザーサラダ」（→P53）、「骨つき肉のジューシーから揚げ」（→P60）で使用しています。**鶏胸肉の湯せん焼き**（→P48）にもよく合います。きゅうりやトマトのサラダのドレッシングやサンドイッチのソースとしても最適。

保存について

- 焼いた肉や魚は、よく冷ましてからジッパーつき保存袋や保存容器に移し、冷蔵室で保存します（a/b）。温かいまま保存すると、内部に水滴がつき、雑菌が繁殖するリスクが高まります。

a

b

- 保存容器はあらかじめ煮沸消毒をするか除菌用アルコールで消毒しておくとよいでしょう。
- 作りおきの肉や魚を切り分けるときは直接手で触れないようにしましょう。きれいなまな板の上で、ポリ手袋をして切り分けるのがおすすめです。
- 腐敗臭がするなどの異状を感じたら食べずに捨ててください。
- 作りおきの肉や魚をアレンジ料理に使用する場合は、しばらく常温においてからご使用ください。
- 再加熱するときは電子レンジでも構いませんが、フライパンで火を通すとよりおいしくいただけます。
- 漬けだれや肉汁は冷蔵室に入れておくと固まってしまうことがあります。再加熱すれば問題なく液状に戻りますのでご安心ください。

この本の決まり

- オーブンは電気オーブンを使用しています。ガスオーブンの場合は焼成温度を10℃下げて焼いてください。
- オーブンに段がある場合は、天板を下段にセットして焼いてください。
- 分量を増やす／減らす場合は、加熱時間も同様に増減させて調整してください。
- 特に記載がない場合、本書では以下の材料を使っています。
  油 → 米油（サラダ油でも可）
  砂糖 → きび砂糖（上白糖でも可）
  こしょう → 黒こしょう
  酢 → 米酢（穀物酢でも可）
  みりん → 本みりん
- フライパンはフッ素樹脂加工のもの、電子レンジは600Wのものを使用しています。
- 野菜などの分量は、基本的に皮や種などを含んだものです。また、洗う、皮をむくなどの基本的な下準備を済ませてからの工程となっています。
- 大さじ1は15mℓ、小さじ1は5mℓ、ひとつまみは指3本でつまんだくらいの量です。

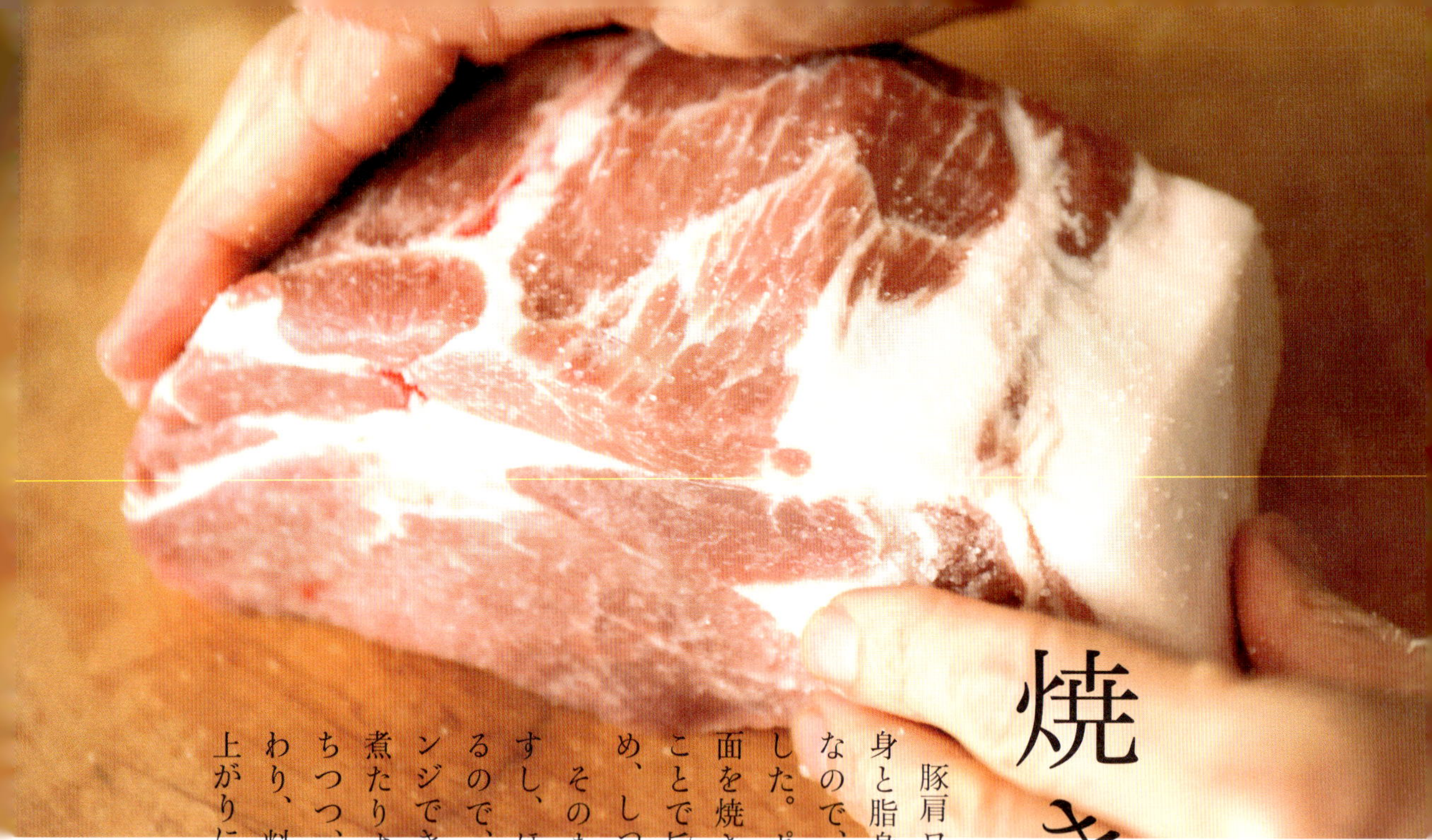

焼き塩豚

豚肩ロースは、やわらかく、赤身と脂身のバランスがよい部位なので、シンプルな塩豚にしました。ポイントは、先に肉の表面を焼きつけること。そうすることで旨みをしっかりと閉じこめ、しっとりと仕上がります。

そのまま食べてもおいしいですし、ほどよい塩味がついているので、いろいろな料理にアレンジできます。さっと焼いたり、煮たりすると、やわらかさは保ちつつ、ジューシーな旨みが加わり、料理がワンランク上の仕上がりになります。

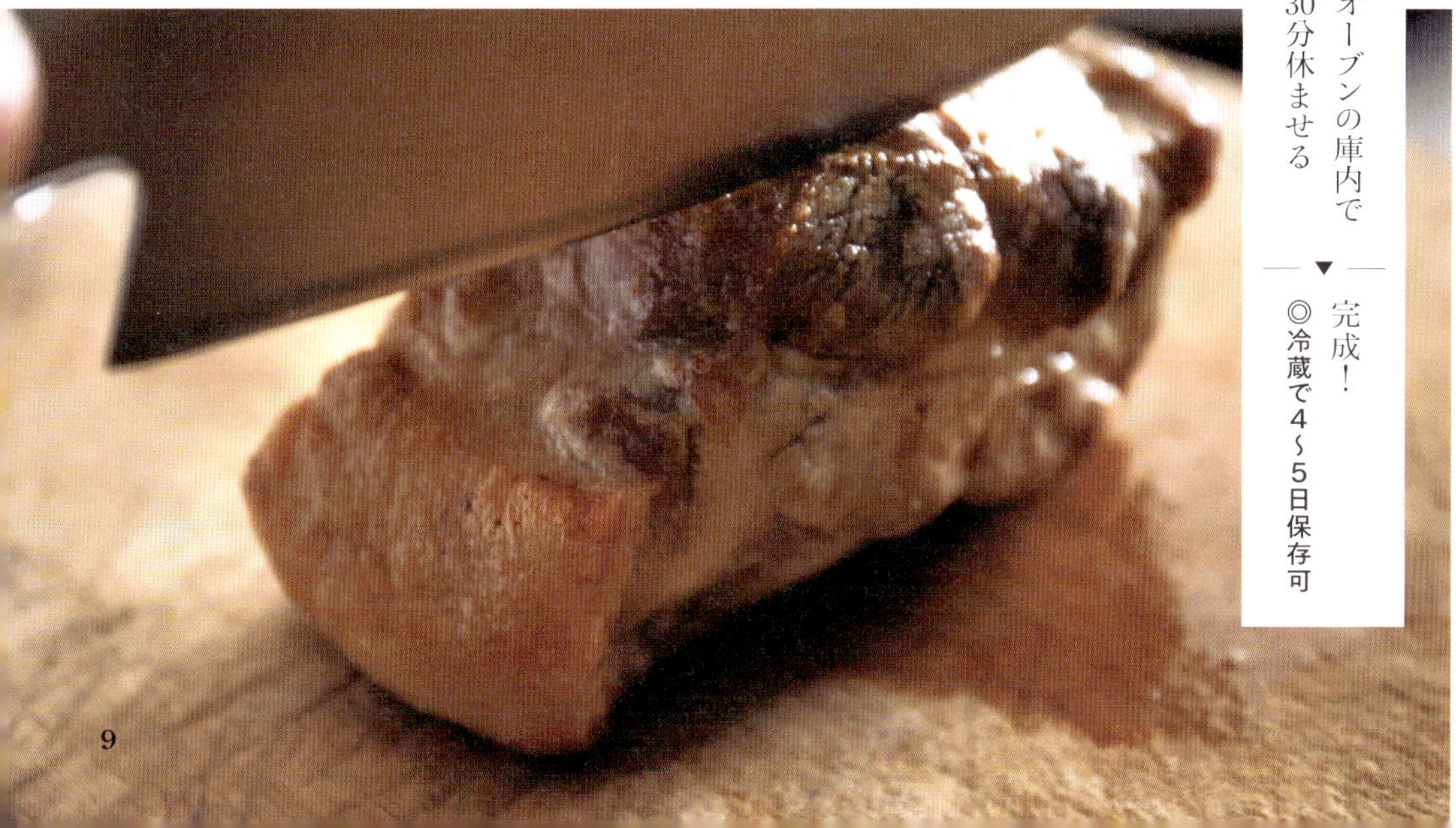

豚肩ロース
かたまり肉

▼

塩をまぶして
常温におく

▼

フライパンで
表面を焼きつける

▼

180℃に予熱した
オーブンで45分焼く

▼

オーブンの庫内で
30分休ませる

▼

完成！
◎冷蔵で4～5日保存可

焼き塩豚

材料（作りやすい分量）

豚肩ロースかたまり肉 ……… 600g
▶ペーパータオルで水けを拭き取り、塩 6g（肉の重さの 1%）を全体にまぶし、常温に 1 時間ほどおく

トマト ……… 4 個
▶へたを取り除く

玉ねぎ ……… 中 1 個
▶厚さ 1cm の輪切りにする

塩 ……… 少々

オリーブオイル ……… 大さじ 1

＊オーブンは 180℃に予熱する

作り方

1 フライパンに脂身を下にして豚肉を入れ、脂身はこんがりと、赤身は色が変わる程度に、強火で 5 分ほど焼きつける。フライパンにたまった脂と肉汁は残しておく。

2 オーブンの天板にアルミホイルを敷き、中央に玉ねぎをまとめて並べ、豚肉をのせる。トマトはそれぞれアルミホイルで浅く包み（上は開ける）、すき間に並べ、へたを取ったくぼみに塩をふり、オリーブオイルをかける。さらに **1** のフライパンに残った脂と肉汁を豚肉にかける。

3 予熱したオーブンに天板をセットし、45 分ほど焼く。

4 天板をいったん取り出し、トマトをいったんはずす。天板に敷いていたアルミホイルで玉ねぎと豚肉を包み、トマトといっしょに天板ごとオーブンに戻して、30 分ほど休ませる。

5 アルミホイルとトマトのくぼみにたまった汁を小鍋に移し、中火でとろみがつくまで煮詰めて、ソースにする。

note

＊ **1** ではフライパンは温めずに冷たい状態で焼き始めます。
＊ アルミホイルに包んで余熱を加えることで、やわらかなまま、中心まで火を通すことができます。冷やしても風味は損なわれません。
＊ トマト、玉ねぎのほか、ひと口大に切ったじゃがいもなどといっしょに焼いてもおいしいです。

完成後にすぐに食べてもおいしいですし、冷蔵保存していた場合は電子レンジで再加熱するのがおすすめです。いっしょに焼いたトマトと玉ねぎを添えて、仕上げに5で作ったソースをかけて召しあがれ。ソースも冷蔵保存できます。

焼き塩豚のアレンジ

1 台湾風混ぜ麺

2 焼き塩豚ときのこのミルクスープ

3 焼き塩豚と白菜のブレゼ

4 ポークチャプチェ

1/ 台湾風混ぜ麺

混ぜるだけ！　角切りにした焼き塩豚は食べごたえ満点です。

材料（1人分）

焼き塩豚 …… 40g　▶2cm角に切る
中華生麺（細麺）…… 1玉（120g）
　▶パッケージの表示どおりにゆで、冷水にさらしてから水けをよくきる
にら …… 4本　▶長さ5mmに切る
小ねぎ …… 2本　▶小口切りにする
A　しょうゆ …… 大さじ1/2
　オイスターソース …… 大さじ1/2
　にんにく（すりおろし）…… 少々
　塩・こしょう …… 各少々
B　塩 …… 少々
　ごま油 …… 小さじ1
卵黄 …… 1個分

作り方

1. ボウルにAと**焼き塩豚**を入れ、よく混ぜる。

2. 別のボウルにBと中華生麺を入れてよく混ぜ、器に盛る。1、にら、小ねぎを彩りよく散らし、中央に卵黄をのせる。よく混ぜてからいただく。

2/ 焼き塩豚ときのこのミルクスープ

焼き塩豚を加えるだけで主役級の存在感。豚肉の旨みが溶けこんだスープです。

材料（2人分）

焼き塩豚 …… 80g
　▶3cm角に切る
好みのきのこ（エリンギ、しめじなど）…… 150g
　▶食べやすい大きさに切る
玉ねぎ …… 1/4個
　▶薄切りにする
（あれば）パセリ …… 適量
　▶みじん切りにする
牛乳 …… 200㎖
洋風スープの素 …… 1個
バター …… 20g
薄力粉 …… 大さじ1と1/2
塩 …… 少々＋小さじ1/3
こしょう …… 適量

作り方

1. 鍋にバターを入れて中火で熱し、溶けたら玉ねぎと塩少々を加え、しんなりするまで炒める。きのこを加えてさらに炒め、全体がくたっとしたら薄力粉を加えて、粉けがなくなるまで手早く混ぜる。水300㎖（分量外）を加え、強めの中火にして煮立たせる。

2. 洋風スープの素を加えてよく混ぜ、とろみがついたらさらに**焼き塩豚**と牛乳を加え、沸騰させないように温める。塩小さじ1/3とこしょうで味を調えて器に盛り、あればパセリを散らす。

3/ 焼き塩豚と白菜のブレゼ

豚肉から染み出した旨みを白菜が吸収！
春キャベツで作るのもおすすめ。

材料（２人分）

焼き塩豚 …… 100g
　▶食べやすい大きさに切る
白菜 …… 縦 1/8 個（250 ～ 300g）
バター …… 20g ＋ 10g
白ワイン …… 100mℓ
塩 …… 少々＋小さじ 1/3

作り方

1. フライパンにバター 20g を入れて中火で熱し、**焼き塩豚**を加えて表面を焼きつけ、いったん取り出す。
2. 白菜を加えて塩少々をふり、強火にして、フライ返しで押しつけながら断面に焼き目をつける。
3. 白ワインを加えて煮立たせ、弱火にしてふたをし、3 分ほど蒸し煮にする。
4. ふたを取って中火にし、1 の**焼き塩豚**、バター 10g、塩小さじ 1/3 を加えてさっと煮て、器に盛る。
5. フライパンに残った汁を中火で煮詰め、4 にかける。

4/ ポークチャプチェ

短時間で調理することで、肉はジューシーに、
野菜は食感よく仕上がります。

材料（２人分）

焼き塩豚 …… 70g　▶拍子木切りにする
緑豆春雨 …… 70g
玉ねぎ …… 1/4 個　▶薄切りにする
にんじん …… 1/5 本　▶せん切りにする
パプリカ（黄） …… 1/4 個　▶細切りにする
ほうれん草 …… 1 株　▶長さ 4cm に切る
白いりごま …… 少々
A | にんにく（すりおろし） …… 少々
　| 鶏がらスープの素 …… 小さじ 1
　| しょうゆ …… 大さじ 1
　| みりん …… 大さじ 1
　| 水 …… 300mℓ
ごま油 …… 大さじ 1

作り方

1. フライパンにごま油を入れて中火で熱し、玉ねぎとにんじんを加えて、しんなりするまで炒める。
2. A と春雨を加え、春雨がやわらかくなったら**焼き塩豚**、パプリカ、ほうれん草を加えてざっと炒め合わせる。器に盛り、白いりごまをふる。

メープルしょうゆ焼き豚

脂身の旨みが魅力の豚バラかたまり肉は、先に脂身をカリッと焼いて、余分な脂を落とすことで、スッキリとした味わいになります。脂身と赤身が層をなしているので、加熱してもかたくなりにくく、また、たれの味が染みこみやすくなっています。ここではメープルシロップとしょうゆの漬けだれで、どこか懐かしい、深みのある味わいに仕上げました。

　もちろんアレンジ料理との相性も抜群。少々再加熱してもやわらかさはそのままで、食べごたえと満足感を演出してくれます。

豚バラかたまり肉

塩をまぶして常温におく

▼

フライパンで表面を焼きつける

▼

180℃に予熱したオーブンで40分焼く

▼

オーブンの庫内で20分休ませる

▼

完成！

◎冷蔵で4～5日保存可

メープルしょうゆ焼き豚

材料（作りやすい分量）

豚バラかたまり肉 ……… 600g
▶ペーパータオルで水けを拭き取り、塩 6g（肉の重さの 1%）を全体にまぶし、常温に 1 時間ほどおく

さつまいも ……… 1 本
▶ひと口大の乱切りにし、水に 5 分ほどさらしてから水けをきる

漬けだれ
メープルシロップ ……… 大さじ 2
しょうゆ ……… 大さじ 2
▶ジッパーつき保存袋に入れておく

＊オーブンは 180℃に予熱する

作り方

1 フライパンに脂身を下にして豚肉を入れ、脂身はこんがりと、赤身は色が変わる程度に、全体を強火で 5 分ほど焼きつける。

2 オーブンの天板にアルミホイルを敷き、中央に豚肉を脂身を上にしてのせ、すき間にさつまいもを並べる。

3 予熱したオーブンに天板をセットし、40 分ほど焼く。

4 天板をいったん取り出し、敷いていたアルミホイルで全体を包み、天板ごとオーブンに戻して、20 分ほど休ませる。

5 漬けだれを入れた保存袋に豚肉を加えてなじませ、空気を抜いて口を閉じ、1 時間以上漬ける。

note

＊ 1 ではフライパンは温めずに冷たい状態で焼き始めます。
＊ さつまいもは粗熱がとれたら別途保存容器などに移して冷蔵保存してください。
＊ 漬けだれはアレンジでも使うのでとっておいてください。
＊ 鉄のフライパンを使うとよりきれいに焼き目がつきます。

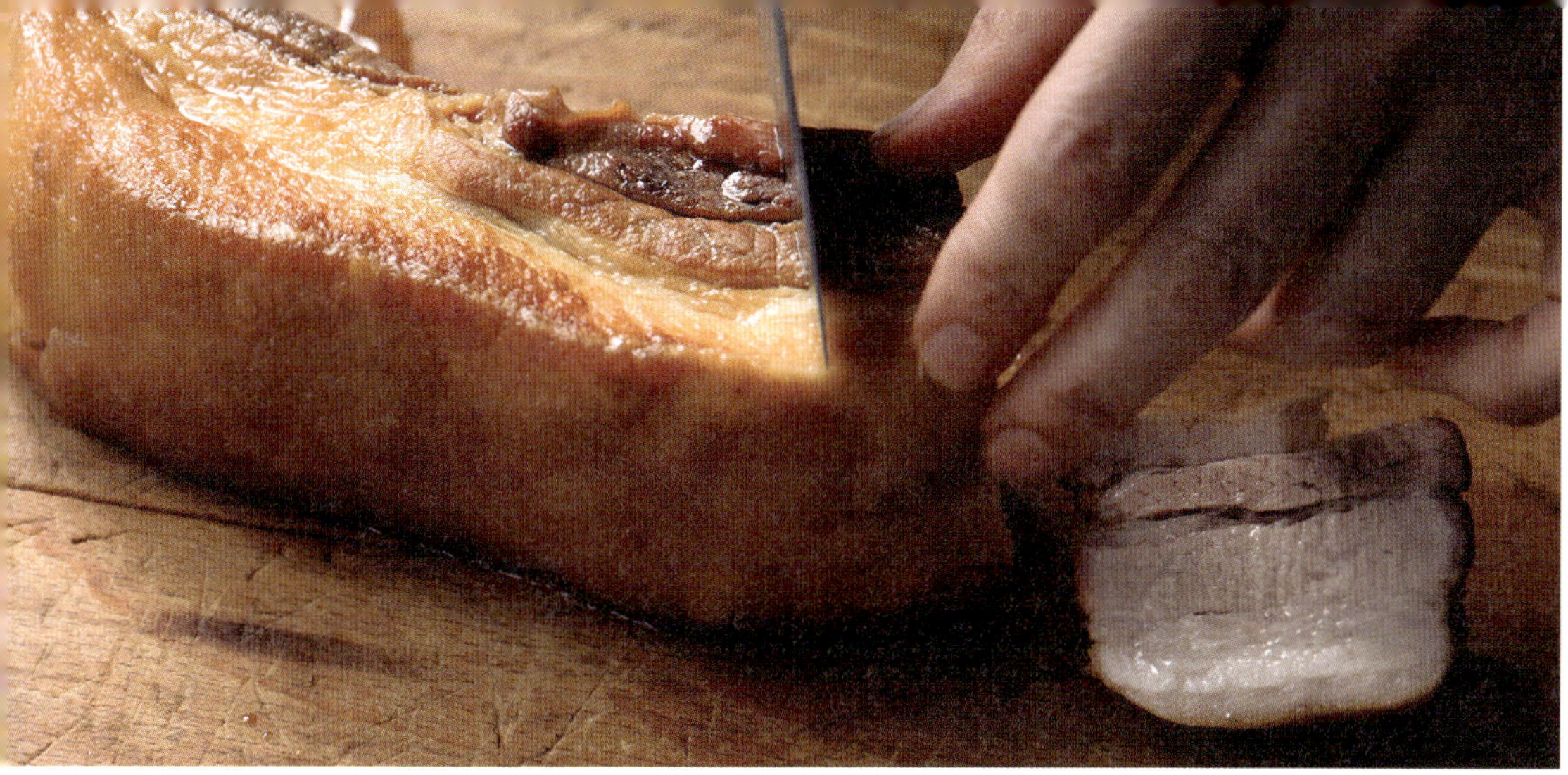

幅１～2cmに切り分け、漬けだれをかけて、粗びき黒こしょうをふっていただきます。いっしょに焼いたさつまいもも添えましょう。完成直後は抜群のおいしさ。冷蔵保存していた場合は電子レンジかフライパンで再加熱を。

メープルしょうゆ焼き豚のアレンジ

1 ひらひら大根の角煮

2 焼き豚と青じその炒飯風混ぜご飯

3 麻婆厚揚げ

メープルしょうゆ焼き豚のアレンジ

1/ ひらひら大根の角煮

豚肉は加熱済み、大根も薄切りなので煮る時間がぐんと短縮！

材料（２人分）

メープルしょうゆ焼き豚 …… 150g
▶幅 2cm に切る
大根 …… 6 ～ 7cm（150g）
▶スライサーなどで厚さ 3mm の薄切りにする
小松菜 …… 1 株
▶さっとゆでて水けを絞り、長さ 4cm に切る
みりん …… 大さじ 1
しょうゆ …… 大さじ 1

作り方

1. 鍋に**メープルしょうゆ焼き豚**、大根、みりん、水 300mℓ（分量外）を入れて強火で熱し、煮立ったら弱火にして、大根がやわらかくなるまで 10 分ほど煮る。
2. 小松菜としょうゆを加え、さっと煮る。

2/ 焼き豚と青じその炒飯風混ぜご飯

火を使うのはほんの一瞬！　あっという間に完成します。

材料（２人分）

メープルしょうゆ焼き豚 …… 50g
▶ 1cm 角に切る
温かいご飯 …… 300g
A ｜溶き卵 …… 1 個分
｜長ねぎ …… 10cm
｜▶粗みじん切りにする
｜塩 …… 小さじ 1/4
｜こしょう …… 少々
▶混ぜ合わせる
青じそ …… 5 枚
▶ 5mm 角に切る
白いりごま …… 適量
メープルしょうゆ焼き豚の
漬けだれ …… 小さじ 2
油 …… 大さじ 1/2

作り方

1. フライパンに油を入れて強火で熱し、Aを加えて手早くかき混ぜ、卵が半熟状になったら火を止めて、ボウルに移す。
2. 1 のボウルに**メープルしょうゆ焼き豚**、温かいご飯、青じそ、白いりごま、**メープルしょうゆ焼き豚**の漬けだれを加え、切るように混ぜる。

3/ 麻婆厚揚げ

豆腐の代わりに厚揚げを使うと作りやすく、
味もビシッときまります。

材料（2人分）

メープルしょうゆ焼き豚（脂身多めの部分）
……100g
▶2cm 角に切る
厚揚げ……1丁（150g）
▶2cm 角に切る
（あれば）青梗菜……1株
▶芯をつけたまま縦半分に切り、
さっとゆでて水けを軽く絞る
長ねぎ……10cm
▶長さ1cm に切る
A｜片栗粉……大さじ1/2
｜砂糖……小さじ1/3
｜酒……大さじ1
｜しょうゆ……大さじ1
｜水……150mℓ
▶混ぜ合わせる
一味とうがらし……少々
ごま油……小さじ1

作り方

1. フライパンにごま油を入れて弱めの中火で熱し、**メープルしょうゆ焼き豚**、厚揚げ、長ねぎを加えて、さっと炒める。
2. Aをさっと混ぜ直してから加え、とろみがつくまで混ぜる。
3. 器に盛り、一味とうがらしをふって、あればゆでた青梗菜を添える。

note
豚バラ肉で作るメープルしょうゆ焼き豚は、脂身が多い部分を使うと、油の量が少なくて済み、また、こくが出て満足感を得やすくなります。

鶏もも肉の和風ロースト

たっぷりの旨みと、豊かな食感。鶏もも肉は今やいちばん人気のあるお肉といっても過言ではありません。ここではオーブンでローストしたあと、熱いうちにだし汁、しょうゆ、みりんを混ぜ合わせた和風のたれに漬けこんで、しっかりとした味をつけています。そのままでもご飯との相性は抜群。お弁当のおかずにもぴったりです。

なお、次に登場する「鶏もも肉のエスニック風ロースト」（P32参照）は、漬けるたれが異なります。焼くまでの工程は同じなので、2種類のたれを半量ずつ用意しておけば、1枚は「和風」、もう1枚は「エスニック風」にするといったような使い方もできます。

鶏もも肉

塩をまぶして常温におく

▼

190℃に予熱したオーブンで20分焼く

▼

たれに1時間以上漬ける

▼

完成！

◎冷蔵で3～4日保存可

鶏もも肉の和風ロースト

材料（作りやすい分量）

鶏もも肉……700g（約2枚）
▶ペーパータオルで水けを拭き取り、身の厚い部分に深さ8mm程度の切りこみを5、6本入れて、塩7g（肉の重さの1%）を全体にまぶし、常温に30分ほどおく

長ねぎ……2本
▶長さ8cmに切る

しいたけ……5個
▶軸を取る

漬けだれ
- だし汁（かつお）……300mℓ
- しょうゆ……大さじ2
- みりん……大さじ2

▶ジッパーつき保存袋に入れておく

塩……少々
油……小さじ1

＊オーブンは190℃に予熱する

作り方

1 オーブンの天板にオーブン用シートを敷き、鶏肉を皮目を上にして並べる。長ねぎとしいたけはそれぞれアルミホイルで浅く包み（上は開ける）、すき間にのせ、塩と油をふる。

2 予熱したオーブンに天板をセットし、20分ほど焼く。

3 焼きあがったらすぐに漬けだれを入れた保存袋に加え（長ねぎとしいたけも）、口を開けたまましばらくおく。粗熱がとれたら口を閉じ、冷蔵室で1時間以上漬ける。

note

＊ くし形切りにしたかぼちゃ、厚さ3cm程度の輪切りにしたズッキーニ、大きめの乱切りにしたピーマン、いんげんなどといっしょに焼いてもおいしくできます。
＊ 野菜をアルミホイルに包んでおくのは、水分が天板に漏れ出ないようにするため。ほかの野菜をいっしょに焼く場合もアルミホイルを使用してください。
＊ 鶏肉をたれに漬けるときは、保存袋をボウルなどに入れておくと、こぼれる心配がありません。
＊ 漬けだれはアレンジでも使用するのでとっておいてください。
＊ 鶏もも肉は焼くと1枚350gのものが280gほどになります。

いっしょに焼いた野菜とともに、食べやすい大きさに切って、漬けだれ少々をかければできあがり。冷たい状態でもおいしくいただけますが、電子レンジで再加熱、またはフライパンで焼き直してもおいしくいただけます。

鶏もも肉の和風ローストのアレンジ

1 鶏もも肉となすの黒酢炒め

2 鶏そば

3/ ローストチキンサンド

4/ 揚げないチキン南蛮

鶏もも肉の和風ローストのアレンジ

1/ 鶏もも肉となすの黒酢炒め

鶏肉はざっと混ぜるだけなので、
調理時間が大幅に短縮できます。

材料（2人分）

鶏もも肉の和風ロースト …… 100g
▶大きめのひと口大に切る
なす …… 2本
▶乱切りにし、水に5分ほどさらして、濡れたまま耐熱皿に広げる。ラップをふんわりとかけ、電子レンジで1分30秒ほど加熱して、ペーパータオルで水けを拭き取る
玉ねぎ …… 1/4個
▶くし形切りにする
小ねぎ …… 1本
▶幅2cmの斜め切りにする
赤とうがらし（小口切り） …… 少々
A | 砂糖 …… 小さじ1
　| 片栗粉 …… 小さじ1/2
　| しょうゆ …… 小さじ2
　| 黒酢 …… 大さじ2
▶混ぜ合わせる
ごま油 …… 大さじ1

作り方

1. フライパンにごま油を入れて中火で熱し、なすと玉ねぎを加え、玉ねぎがしんなりするまで炒める。

2. **鶏もも肉の和風ロースト**、赤とうがらし、Aをさっと混ぜてから加え、とろみがつくまで混ぜる。器に盛り、小ねぎを散らす。

note　なすも電子レンジであらかじめ加熱しておくので、炒め合わせる時間が短くなります。これなら鶏肉がかたくなりません。

2/ 鶏そば

漬けだれには鶏肉の旨みがたっぷり。
おかげでスープの素は不要です。

材料（1人分）

鶏もも肉の和風ロースト …… 40g
▶そぎ切りにする
鶏もも肉の和風ローストの
　漬けだれ …… 300mℓ
しいたけ（**鶏もも肉の和風ロースト**と
　焼いたもの） …… 2個
中華生麺（細麺） …… 1玉
▶パッケージの表示どおりにゆでる
長ねぎ …… 10cm
▶斜め薄切りにする
オイスターソース …… 大さじ1
塩・こしょう …… 各少々

作り方

1. 小鍋に漬けだれ、水100mℓ（分量外）、しいたけ、塩、こしょうを入れて中火で熱し、煮立ったらオイスターソースを加えて混ぜる。

2. 器にゆでた中華生麺を入れ、1を注ぎ、**鶏もも肉の和風ロースト**と長ねぎをのせる。

3/ローストチキンサンド

最小限の味つけで、しっかりおいしいサンドイッチができます。

材料（1人分）

鶏もも肉の和風ロースト
……180g
▶そぎ切りにする
食パン（8枚切り）……2枚
▶軽くトーストする
レタス……葉3枚
▶幅2cmの細切りにし、
赤じそふりかけ小さじ1をまぶして
5分ほどおいて、ペーパータオルで
水けを拭き取る
A｜オリーブオイル……小さじ2
｜砂糖……少々
マヨネーズ……小さじ1

作り方

1. 食パンのはさんだときに内側になる面にマヨネーズを塗る。

2. 食パン1枚に、Aをまぶしたレタスの半量、**鶏もも肉の和風ロースト**、Aをまぶした残りのレタスの順にのせる。もう1枚の食パンをのせて軽く押し、半分に切る。

4/揚げないチキン南蛮

和風味のチキン南蛮。タルタルソースにしょうがを忍ばせました。

材料（2人分）

鶏もも肉の和風ロースト……180g
▶ペーパータオルで水けをしっかり拭き取る
片栗粉……大さじ1
青じそ……3枚
▶1cm角に切る
レモン（くし形切り）……1切れ
タルタルソース
｜かたゆで卵……1個
｜▶フォークの背で粗くつぶす
｜マヨネーズ……大さじ2
｜しょうが（すりおろし）……少々
｜塩……少々
▶混ぜ合わせる
油……大さじ2

作り方

1. 小さめのフライパンに油を入れて強めの中火で熱し、片栗粉をまぶした**鶏もも肉の和風ロースト**を全体がこんがりとするまで焼く。

2. 大きめのひと口大に切って器に盛り、タルタルソースを添えて青じそを散らし、レモンを搾っていただく。

note　オーブントースターでも作れます。鶏もも肉の和風ローストに片栗粉を薄くまぶして油少々をたらし、表面がこんがりとするまで焼いてください。

鶏もも肉のエスニック風ロースト

「鶏もも肉の和風ロースト」の漬けだれを変えるだけで、まったく異なるおいしさが楽しめます。ナンプラーを使ったエスニック風のたれは、意外とくせがなく、普段の食事にもよく合うことでしょう。それでいて新鮮味があり、塩気がよく染みこんでいて、食欲をそそります。

　アレンジのレシピは4種類用意しました。ほかにも、皮にまでしっかり味が染みていますので、細かく切って炒飯や炒めものなどに加えるのもおすすめです。鶏肉の旨みが詰まった漬けだれも、余すところなく使ってみてください。

鶏もも肉

塩をまぶして常温におく

▼

190℃に予熱したオーブンで20分焼く

▼

たれに1時間以上漬ける

▼

完成!

◎冷蔵で3~4日保存可

鶏もも肉のエスニック風ロースト

材料（作りやすい分量）

鶏もも肉 …… 700g（約2枚）
▶ペーパータオルで水けを拭き取り、
身の厚い部分に深さ8mm程度の切りこみを5、6本入れて、
塩7g（肉の重さの1%）を全体にまぶし、
常温に30分ほどおく

パプリカ（赤） …… 1個
▶乱切りにする

漬けだれ
- はちみつ …… 大さじ1
- 水 …… 大さじ5
- ナンプラー …… 大さじ3
- レモン（国産・厚さ5mmの半月切り） …… 4枚

▶ジッパーつき保存袋に入れておく

油 …… 小さじ1

＊オーブンは190℃に予熱する

作り方

1 オーブンの天板にオーブン用シートを敷き、中央に鶏肉を皮目を上にして並べる。すき間にパプリカをのせ、油をかける。

2 予熱したオーブンに天板をセットし、20分ほど焼く。

3 焼きあがったらすぐに漬けだれを入れた保存袋に加え、口を開けたまましばらくおく。粗熱がとれたら口を閉じ、冷蔵室で1時間以上漬ける。

note

＊「和風ロースト」と同様、ズッキーニやきのこ類などをいっしょに焼いてもおいしくできます。
＊生のレモンがない場合は市販のレモン果汁小さじ1で代用ができます。
＊漬けだれはアレンジでも使用するのでとっておいてください。
＊鶏もも肉は焼くと1枚350gのものが280gほどになります。

食べやすい大きさに切り分けて、パプリカを添えればOK。冷たいままでもおいしくいただけますが、再加熱する場合は電子レンジかフライパンをご利用ください。

鶏もも肉の
エスニック風ローストの
アレンジ

1 ビリヤニ風

2 鶏もも肉と豆もやしのナムル

3／あんかけカリカリ焼きそば

4／鶏もも肉とトマトの卵炒め

鶏もも肉のエスニック風ローストのアレンジ

1／ビリヤニ風

鶏肉の旨みが行き渡ったご飯は、
それだけでごちそうですよね。

材料（作りやすい分量）

鶏もも肉のエスニック風ロースト
……60g　▶2cm 角に切る
米……2 合
▶といでざるに上げる
玉ねぎ……1/4 個（50g）
▶粗みじん切りにする
ミニトマト……6 個
きゅうり……1/2 本
▶1cm 角に切る
レモン（くし形切り）……1 切れ
小ねぎ……適量
A｜カレー粉……小さじ 1
｜塩……小さじ 1/2
｜にんにく（すりおろし）……少々
｜**鶏もも肉のエスニック風ロースト**の
｜漬けだれ……大さじ 3
一味とうがらし……少々
マヨチーズソース（P6 参照）……適量

作り方

1. 炊飯器に米、玉ねぎ、A、水 350mℓ（分量外）を入れてひと混ぜし、ミニトマトをのせて、炊飯器のスイッチを入れる。
2. 炊けたら**鶏もも肉のエスニック風ロースト**をのせ、再びふたをして、余熱で 10 分ほど温める。
3. ざっと混ぜて器に盛り、きゅうり、レモン、小ねぎ、マヨチーズソースを添え、一味とうがらしをふる。

2／鶏もも肉と豆もやしのナムル

ヘルシーながらきちんとボリュームのある一品。食感が楽しいです。

材料（2 人分）

鶏もも肉のエスニック風ロースト
……50g
▶2cm 角に切る
パプリカ（**鶏もも肉のエスニック風ロースト**と
焼いたもの）……4 切れ
▶幅 1cm に切る
豆もやし……1 袋
水菜……1 株
▶長さ 5cm に切る
白いりごま……少々
塩……小さじ 1/3
ごま油……大さじ 1

作り方

1. 鍋に湯を沸かし、豆もやしを加えて 3 分ほどゆで、残り 20 秒になったら水菜も加える。ざるに上げ、水けをしっかりと絞る。
2. ボウルに白いりごま以外の材料を入れて混ぜ、器に盛り、白いりごまをふる。

3/ あんかけカリカリ焼きそば

味つけは塩・こしょうだけ！
カリッとした麺がおいしいアジア風の焼きそば。

材料（1人分）

鶏もも肉のエスニック風ロースト …… 40g
　▶そぎ切りにする
中華蒸し麺 …… 1玉
小松菜 …… 1/2株
　▶長さ1cmに切る
コーン缶詰 …… 50g
　▶水けをきる
A ｜**鶏もも肉のエスニック風ロースト**の
　｜　漬けだれ …… 大さじ4
　｜水 …… 100㎖
　｜塩・こしょう …… 各少々
　▶混ぜ合わせる
片栗粉 …… 大さじ1/2
　▶同量の水で溶く
油 …… 大さじ1＋大さじ1/2

作り方

1. フライパンに油大さじ1を入れて中火で熱し、ほぐした中華蒸し麺を円形に整えながら加え、たまにフライ返しで押しつけながら表面がカリッとするまで焼き、器に盛る。

2. フライパンにサラダ油大さじ1/2を足し、コーンを加え、香ばしくなるまでさっと炒める。小松菜を加えてさっと炒め、さらにAと**鶏もも肉のエスニック風ロースト**を加えて軽く火を通し、水で溶いた片栗粉を加えてざっと混ぜて、1の中華蒸し麺にかける。

4/ 鶏もも肉とトマトの卵炒め

鶏肉にはすでに火が通っているので、炒める時間は最小限です。

材料（2人分）

鶏もも肉のエスニック風ロースト
　…… 80g
　▶3cm角に切る
トマト …… 1個
　▶8等分のくし形切りにし、塩少々をふる
A ｜溶き卵 …… 3個分
　｜酢 …… 小さじ1
　｜塩 …… ひとつまみ
　▶混ぜ合わせる
塩・こしょう …… 各少々
ごま油 …… 大さじ1＋大さじ1/2

作り方

1. フライパンにごま油大さじ1を入れて中火で熱し、Aを加えて、へらで卵液を外側から内側へ動かしながらまんべんなく火を通し、半熟状になったらいったん取り出す。

2. ごま油大さじ1/2を足し、**鶏もも肉のエスニック風ロースト**とトマトを加え、塩・こしょうをふり、トマトの角がなくなるまで炒める。1を戻し入れ、ざっと炒め合わせる。

鶏胸肉のヨーグルトみそ漬け焼き

　安くておいしい鶏胸肉は、ぱさつきやすいのが玉に瑕。特にオーブンで焼くと水分が飛びやすく、あっという間にぱさぱさになってしまいます。

　それを防ぎつつ、おいしくしてくれるのがヨーグルトです。みそ、にんにくと合わせて表面に塗れば、鶏胸肉を保湿してくれて、オーブンで焼いてもしっとりと仕上がります。鶏胸肉の厚い部分を観音開きにして、厚さをできるだけ均等にするのがもうひとつのポイントです。

　ヨーグルトとみそという2つの発酵食品のおかげで、淡白な鶏胸肉に、ぐんと深みが出ています。そのまま食べてもおいしく、また、洋風にも和風にもアレンジしやすい作りおきおかずになりました。

鶏胸肉

ヨーグルトとみそを塗って常温におく

▼

130℃に予熱したオーブンで30分焼く

▼

オーブンの庫内で20分休ませる

▼

完成！

◎冷蔵で3～4日保存可

鶏胸肉の ヨーグルト みそ漬け焼き

材料（作りやすい分量）

鶏胸肉 …… 700g（約2枚）
▶ペーパータオルで水けを拭き取り、
身の厚い部分を観音開き状になるよう切って開き、
深さ8mm程度の切りこみを7、8本入れる。
A（下記参照）を全体に塗り、常温に30分おく

A
プレーンヨーグルト（無糖） …… 大さじ3
みそ …… 小さじ2
にんにく（すりおろし） …… 小さじ1/2
▶混ぜ合わせる

れんこん …… 1節
▶厚さ7mmの輪切りにし、
水に5分ほどさらしてから水けをきる

塩 …… 少々

オリーブオイル …… 大さじ1

＊オーブンは130℃に予熱する

作り方

1 オーブンの天板にアルミホイルを敷き、中央に鶏肉を皮目を上にして並べる。すき間にれんこんをのせ、塩とオリーブオイルをふる。

2 予熱したオーブンに天板をセットし、30分ほど焼く。

3 天板をいったん取り出し、れんこんを鶏肉にのせ、敷いていたアルミホイルで全体を包み、天板ごとオーブンに戻して、20分ほど休ませる。

note

＊ 粗熱がとれたら肉汁といっしょにジッパーつき保存袋に入れ、冷蔵室で保存してください。肉汁には鶏肉の旨みが詰まっていますし、ぱさつくのを防いでくれます。

＊ いっしょに焼く野菜は、れんこんのほか、オクラ、グリーンアスパラガス、スライスしたズッキーニ、きのこなどでもOK。

＊ 冷凍するとぱさつきやすくなるので、保存は冷蔵がおすすめです。

＊ 鶏胸肉は焼くと1枚350gのものが280gほどになります。

できたてを、食感の違いを楽しみつつ、食べやすい大きさに切ってそのまま食べてもおいしいのですが、味変には相性のよいピリ辛ケチャップ（P6参照）をぜひ。メリハリがつき、飽きずに食べ続けられます。冷蔵していたものの再加熱は電子レンジか、フライパンでさっと焼くのがおすすめ。

鶏胸肉のヨーグルトみそ漬け焼きのアレンジ

1 台湾風豆乳スープ

2/ しっとり和風ピカタ

3/ キャロットラペ風にんじんのきんぴら

鶏胸肉の
ヨーグルト
みそ漬け焼きの
アレンジ

1/ 台湾風豆乳スープ

酢のおかげで豆乳がもろもろになり、食べごたえあるスープに。

材料（２人分）

鶏胸肉のヨーグルトみそ漬け焼き …… 40g
▶幅 1cm に切る
わかめ（塩蔵） …… 20g
▶塩を抜いて食べやすい大きさに切る
油揚げ …… 1/4 枚
▶幅 1cm の短冊切りにする
白いりごま …… 少々
豆乳（成分無調整） …… 500mℓ
▶小鍋で煮立たせない程度に温める
A | 酢 …… 小さじ 2
| しょうゆ …… 小さじ 1
| 塩 …… 小さじ 1/2
ラー油 …… 少々

作り方

1. 器にそれぞれ等分に豆乳とAを入れて混ぜる。**鶏胸肉のヨーグルトみそ漬け焼き**、わかめ、油揚げをのせて、ラー油をたらし、白いりごまを散らす。

2/ しっとり和風ピカタ

鶏肉がかたくならず、あっという間に完成！
青のりの風味が新鮮です。

材料（2人分）

鶏胸肉のヨーグルトみそ漬け焼き
…… 1/2 枚（140g）
▶ 2 等分のそぎ切りにする
A　溶き卵 …… 1 個分
　　薄力粉 …… 大さじ 3
　　青のり …… 小さじ 1
　　水 …… 大さじ 1/2
　　塩 …… ひとつまみ
▶泡立て器でだまにならないようよく混ぜる
油 …… 大さじ 2

作り方

1. フライパンに油を入れて中火で熱し、A にくぐらせた**鶏胸肉のヨーグルトみそ漬け焼き**を並べ、弱めの中火で縁が固まるくらいまで焼く。静かに裏返し、薄い焼き色がつくまでさらに焼く。
2. 食べやすい大きさに切り、器に盛る。

note　卵液はたっぷりつけたほうがおいしくできあがります。

3/ キャロットラペ風にんじんのきんぴら

副菜に、お弁当のおかずに、サンドイッチの具にぴったり！

材料（2人分）

鶏胸肉のヨーグルトみそ漬け焼き
…… 60g
▶手で細かく裂く
にんじん …… 2/3 本（100g）
▶せん切りにする
A　酒 …… 大さじ 1/2
　　しょうゆ …… 小さじ 1
クミンシード …… 小さじ 1
塩 …… 少々
オリーブオイル …… 大さじ 2

作り方

1. フライパンにオリーブオイルとクミンシードを入れて弱火で熱し、香りが立ったら弱めの中火にして、にんじんと塩を加えて炒める。しんなりしたら**鶏胸肉のヨーグルトみそ漬け焼き**と A を加え、ざっと炒め合わせる。

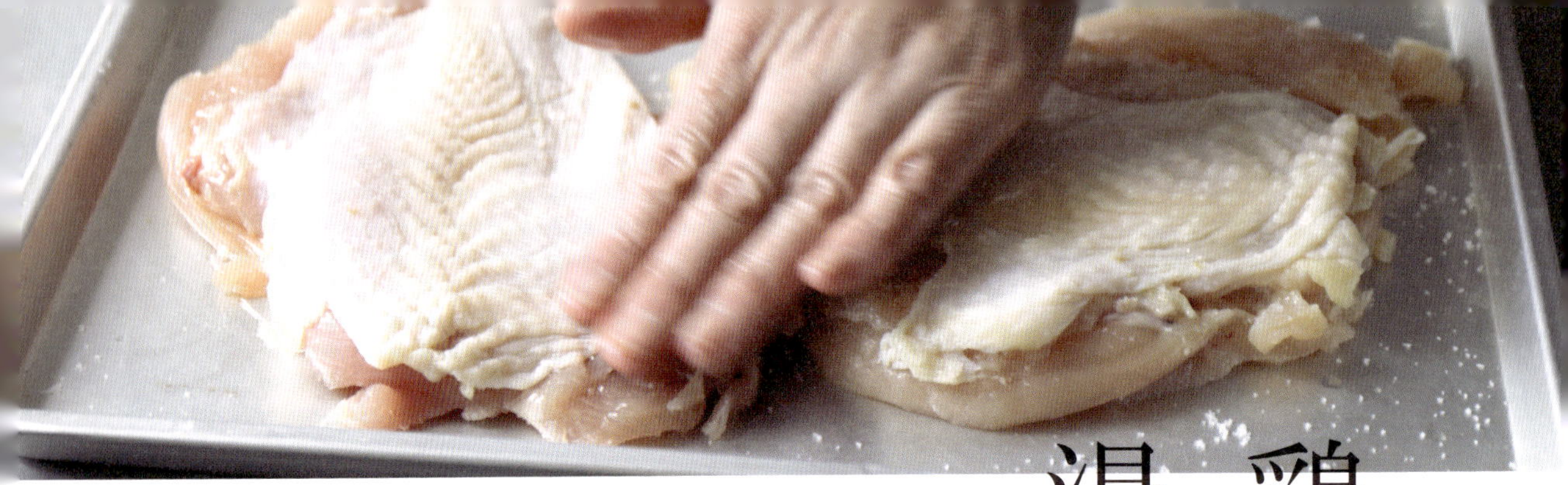

鶏胸肉の湯せん焼き

ここでは鶏胸肉をしっとり焼きあげるために「湯せん焼き」という方法を用います。これはオーブンの天板に湯を張って、庫内の湿度を高く保ちながら焼く方法です。プリンを作るときにもおなじみのテクニックですね。湯せん焼きにすることでゆっくり優しく熱が伝わり、鶏胸肉がぱさつきません。

下味には塩とはちみつ。はちみつには保湿効果もあります。鶏胸肉とは思えないほどやわらかな焼きあがりと豊かな味わいに驚くことでしょう。

鶏胸肉

▼

塩とはちみつをまぶして常温におく

▼

130℃のオーブンで30分湯せん焼きにする

▼

オーブンの庫内で20分休ませる

▼

完成！

◎冷蔵で3～4日保存可

鶏胸肉の湯せん焼き

材料（作りやすい分量）

鶏胸肉 ……… 700g（約2枚）
▶ペーパータオルで水けを拭き取り、
身の厚い部分を観音開き状になるよう切って開き、
深さ8mm程度の切りこみを7、8本入れる
酒 ……… 大さじ2
はちみつ ……… 小さじ2
塩 ……… 7g（肉の重さの1%）

作り方

1 バットに鶏胸肉の皮目を上にして並べ、塩とはちみつを順にまぶし、酒をふって、常温に30分ほどおく。

2 オーブンの天板に網をセットし、鶏胸肉を並べたバットをのせる。オーブンに天板をセットし、天板の深さの半分程度まで湯を注いで、予熱なしの130℃で30分ほど焼く。

3 焼きあがったらそのままオーブンの庫内で20分ほど休ませる。

note

＊ 粗熱がとれたら肉汁といっしょにジッパーつき保存袋に入れ、冷蔵室で保存してください。肉汁には鶏肉の旨みが詰まっていますし、ぱさつくのを防いでくれます。
＊ 天板用の網がなければ、天板に丸めたアルミホイルを6個程度並べて、その上にバットを置いて焼いてください。
＊ 鶏胸肉は焼くと1枚350gのものが280gほどになります。

縦に長さ 5cm の薄切りにしたきゅうり 1 本分の上に、食べやすい大きさにそぎ切りにした鶏胸肉の湯せん焼きを並べ、ダブルねぎソース（P6 参照）をたっぷりとかけて、ラー油小さじ 1 をたらせば、よだれ鶏風になります。鶏肉は冷たい状態でもおいしくいただけます。

鶏胸肉の湯せん焼きのアレンジ

1 和風ポテトサラダ

2 鶏肉飯風

3/ チキンシーザーサラダ

4/ かぶと油揚げの鶏あんかけ

鶏胸肉の湯せん焼きのアレンジ

1/ 和風ポテトサラダ

鶏肉も加わって、食べごたえあるポテサラ。
ゆずこしょうがアクセントに。

材料（2人分）

鶏胸肉の湯せん焼き …… 70g
▶ 2cm 角に切る
じゃがいも …… 2個
▶水にくぐらせラップで包み、
電子レンジで7分ほど加熱する。
熱いうちに皮をむき、ボウルに入れ、
フォークの背で粗くつぶす
玉ねぎ …… 1/4個
▶薄切りにし、
さっと水にさらしてから水けをきる
削り節 …… 1パック（2g）
マヨネーズ …… 大さじ1
ゆずこしょう …… 小さじ1/3
塩 …… 小さじ1/4
こしょう …… 少々

作り方

1. じゃがいものボウルに削り節以外の材料を入れてよく混ぜ、器に盛り、削り節を散らす。

note　削り節が野菜から出た水分を吸って、全体を引き締めてくれます。もちろん旨みもたっぷり。

2/ 鶏肉飯風

白いご飯にのせれば完成。これだけでバランスよく栄養がとれます。

材料（2人分）

鶏胸肉の湯せん焼き …… 60g
▶手で細かく裂く
温かいご飯 …… 2杯分（300g）
小松菜 …… 1/2株
▶ゆでて水けを絞り、長さ3cmに切る
たくあん（輪切り）…… 5枚
▶細切りにする
しょうゆ …… 少々
白いりごま …… 少々
ダブルねぎソース（P6参照）…… 適量

作り方

1. 器にそれぞれ等分にご飯を盛り、**鶏胸肉の湯せん焼き**、ダブルねぎソース、小松菜、たくあんを彩りよくのせ、白いりごまをふり、しょうゆをたらす。

note　小松菜の代わりにゆでたほうれん草や春菊、豆苗などでもおいしくいただけます。同様にたくあんも高菜漬けなどの好みの漬けもので構いません。

3/ チキンシーザーサラダ

ざっくり切っただけのロメインレタスが
あっという間にサラダに変身！

材料（1人分）

鶏胸肉の湯せん焼き …… 70g
▶3cm 角に切る
ロメインレタス …… 1/3 個
▶縦半分に切る
マヨチーズソース（P6 参照）…… 適量

作り方

1. 器にロメインレタスを盛り、**鶏胸肉の湯せん焼き**をのせ、マヨチーズソースをかける。

note　マヨチーズソースの代わりに市販のフレンチドレッシングなどをかけても OK。

4/ かぶと油揚げの鶏あんかけ

くせのない味つけなので和食にも応用できます。

材料（2人分）

鶏胸肉の湯せん焼き …… 40g
▶1cm 角に切る
かぶ …… 2 個
▶4 等分のくし形切りにする
かぶの葉 …… 40g
▶長さ 5mm に切る
油揚げ …… 1/2 枚
▶4 等分の三角形に切る
A　だし汁（かつお）…… 300mℓ
　　みりん …… 大さじ 1
　　しょうゆ …… 小さじ 1/2
　　塩 …… 小さじ 1/3
片栗粉 …… 小さじ 2
▶同量の水で溶く
しょうが（すりおろし）…… 少々

作り方

1. 鍋にかぶと A を入れて弱めの中火で熱し、やわらかくなるまで 20 分ほど煮る。

2. **鶏胸肉の湯せん焼き**、かぶの葉、油揚げを加えて軽く火を通し、水で溶いた片栗粉を加えてざっと混ぜ、とろみをつける。

3. 器に盛り、しょうがをのせる。

丸鶏のハーブ焼き

丸鶏なんてクリスマスにしか焼きませんよ、という人は多いと思いますが、実は丸鶏は、日常的に使うととても重宝する食材なんです。一度焼いて解体してしまえば、さまざまな部位のおいしさを、さまざまな食べ方で楽しむことができます。

基本的には「中抜き」と呼ばれる、内臓などを除去したものを使います。味つけは塩とオリーブオイルだけで十分。お腹の中ににんにくとローズマリーを入れて焼けば、豊かな香りも楽しめます。

解体がやや大変ですが、肉を食べるだけでなく、骨（がら）を煮こめばおいしい鶏がらスープができあがります。ぜひ余すところなく、活用してください。

丸鶏

塩をまぶして
常温におく

▼

230℃に予熱した
オーブンで35分焼く

▼

完成！
◎冷蔵で3～4日保存可

丸鶏のハーブ焼き

材料（作りやすい分量）

丸鶏 ……… 1羽（1kg）
▶ペーパータオルで表面と腹の中の水けをよく拭き取り、塩小さじ1と1/2を表面と腹の中にまぶして、常温に1時間おく
じゃがいも ……… 4個
▶皮をむかずにくし形切りにする
にんにく ……… 3かけ
▶包丁の腹でつぶす
ローズマリー ……… 2枝
塩 ……… 少々
オリーブオイル ……… 大さじ3

＊オーブンは230℃に予熱する

作り方

1 丸鶏の腹の中ににんにくとローズマリーを入れ、皮を引っ張って入り口を閉じ、ようじなどを刺して留める。

2 オーブンの天板にオーブン用シートを敷き、中央に丸鶏を置く。すき間にじゃがいもをのせ、塩をふる。全体にオリーブオイルをかける。

3 予熱したオーブンに天板をセットし、35分ほど焼く。

4 天板を取り出し、粗熱がとれたら丸鶏を解体する。

解体の仕方

1　2　3　4

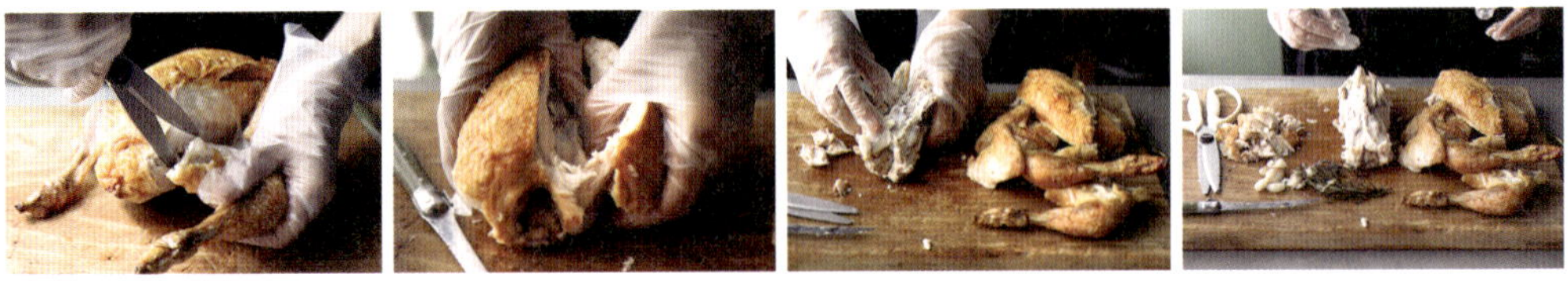

1. 手羽ともも は、つけ根にキッチンばさみで切りこみを入れ、手で裂き、キッチンばさみで切り離す。
2. 胸の中央の骨に沿ってナイフで切りこみを入れ、手で開いてはずす。
3. 骨のまわりについた肉をはずす。
4. 腹の中のにんにくとローズマリーを取り除いてできあがり。

note

＊ 保存するときは腹の中のにんにくもいっしょにジッパーつき保存袋などに入れてください。
＊ 骨はたっぷりの水でじっくり煮ると、鶏がらスープができます。溶き卵とご飯を入れれば雑炊になりますし、ほかにもだし汁として、炊きこみご飯やスープなどに活用できます。

ジューシーなもも肉、あっさりとした胸肉、ヘルシーなささみ、旨みの強い手羽など、さまざまな部位を楽しめるのが丸鶏の魅力。ひと口大に切り分け、フレンチマスタードを添えていただきます。冷蔵保存したものの再加熱は電子レンジ、もしくはフライパンで数分加熱してください。

丸鶏のハーブ焼きのアレンジ

1 参鶏湯風

2 骨つき肉のジューシーから揚げ

3/ 鶏肉とマッシュルームのリゾット

4/ ローストチキンのコールスロー

1/ 参鶏湯風

鶏肉に旨みがあるので味つけは塩くらいで十分です。

材料（2人分）

丸鶏のハーブ焼きの手羽先 …… 2本（80g）
▶ペーパータオルで表面の油を拭き取る
温かいご飯 …… 100g
かぶ …… 2個
▶縦半分に切る
にんにく（**丸鶏のハーブ焼き**といっしょに焼いたもの）…… 2かけ
長ねぎ …… 10cm
▶長さを半分に切り、縦にせん切りにして水にさらし、白髪ねぎにする
赤とうがらし …… 1本
▶半分に切る
塩 …… 少々

作り方

1. 鍋に**丸鶏のハーブ焼き**の手羽先、かぶ、にんにく、赤とうがらし、水400mℓ（分量外）を入れ、弱めの中火で15分ほど煮る。

2. かぶがやわらかくなったらご飯を加えてさっと煮、塩で味を調える。器に盛り、白髪ねぎをのせる。

2/ 骨つき肉のジューシーから揚げ

一度焼いた鶏肉を揚げるといつもよりぐんとおいしくなります！

材料（2人分）

丸鶏のハーブ焼きのもも肉 …… 100g
▶ペーパータオルで表面の油を拭き取り、関節を折って2つに分ける
丸鶏のハーブ焼きの胸肉 …… 100g
▶ペーパータオルで表面の油を拭き取り、大きめのひと口大に切る
A
| 溶き卵 …… 1/2個分
| 薄力粉・片栗粉 …… 各大さじ2
| 牛乳 …… 大さじ1
| にんにく（すりおろし）…… 少々
| 塩・こしょう …… 各少々
▶混ぜ合わせる
レモン（くし形切り）…… 適量
マヨチーズソース（P6参照）…… 適量
揚げ油 …… 適量

作り方

1. **丸鶏のハーブ焼き**のもも肉と胸肉をAにくぐらせ、180℃の揚げ油でこんがりと揚げる。網に上げ、油をきる。

2. 器に盛り、レモンとマヨチーズソースを添える。

note　衣のAはたっぷりつけるとおいしくできます。

3/ 鶏肉とマッシュルームのリゾット

骨からとったスープが美味！
肉は半端な細かい部位でも構いません。

材料（２人分）

丸鶏のハーブ焼きの胸肉 …… 60g
▶ペーパータオルで表面の油を拭き取り、手で細かく裂く
丸鶏のハーブ焼きの胴体の骨 …… 1 羽分
▶半分に切り、骨のまわりの肉は取って、胸肉と合わせておく
ご飯 …… 150g
▶ざるに上げて水で洗ってぬめりを取り、そのまま水けをきる
マッシュルーム …… 4 個
▶薄切りにする
玉ねぎ …… 1/4 個
▶みじん切りにする
バター …… 15g
白ワイン …… 大さじ 2
粉チーズ …… 適量
塩 …… 小さじ 1/4
粗びき黒こしょう …… 少々

作り方

1. 鍋に**丸鶏のハーブ焼き**の骨と水 450mℓ（分量外）を入れて強火で熱し、煮立ったら弱火にして、10 分ほど煮る。

2. フライパンにバターと玉ねぎを入れて弱めの中火で熱し、バターが溶けたら塩とマッシュルーム 3/4 量を加え、マッシュルームがしんなりするまで炒める。

3. 白ワインを加えて煮立たせ、さらに 1 をざるでこし入れ、**丸鶏のハーブ焼き**の胸肉、ご飯を加えて、とろりとするまで煮詰める。

4. 器にそれぞれ等分に盛り、残りのマッシュルームをのせ、粉チーズと粗びき黒こしょうをふる。

4/ ローストチキンのコールスロー

余りがちな端のほうの肉はこのレシピで使いきりましょう。

材料（２人分）

丸鶏のハーブ焼きの胸肉など …… 70g
▶ 3cm 角に切る
キャベツ …… 葉 2 枚（100g）
▶ざく切りにし、塩小さじ 1/3 をもみこんで 15 分ほどおき、水けを絞る
にんにく（**丸鶏のハーブ焼き**といっしょに焼いたもの）…… 1 かけ
▶粗みじん切りにする
A
- 粒マスタード …… 小さじ 1
- はちみつ …… 小さじ 1
- オリーブオイル …… 大さじ 1
- レモン汁 …… 1/2 個分（大さじ 3）

塩・こしょう …… 各適量

作り方

1. ボウルにキャベツ、にんにく、A を入れ、軽くもみこむように混ぜる。

2. **丸鶏のハーブ焼き**を加えてざっと混ぜ、塩・こしょうをふり、冷蔵室で 20 分ほど冷やす。

豚ひき肉のパテ風

慣れ親しんだ豚ひき肉ですが、バットに敷き詰めて板状にして焼くことで、また新たな可能性が生まれてきます。フランスのパテ・ド・カンパーニュのように、旨みと脂を閉じこめたジューシーな一品になります。油をしっかりまとっているので、冷蔵していても乾燥しにくく、また、フライパンで焼くときには油がいりません。

さまざまな形に切り出すことができますし、手でほぐすのも簡単なので、アレンジ料理でも重宝します。ベーコンやソーセージの代わりとしても使ってみてください。味がしっかりついているので、料理全体をおいしくまとめてくれることでしょう。

豚ひき肉

▼

バットに敷きこむ

▼

180℃に予熱した
オーブンで25分焼く

▼

オーブンの庫内で
25分休ませる

▼

完成！
◎冷蔵で4～5日保存可

豚ひき肉のパテ風

材料（14×24cmのバット1台分）

豚ひき肉 …… 500g
玉ねぎ …… 1/2 個
　▶みじん切りにし、塩少々をふって 5 分ほどおいて、水けを絞る
A｜溶き卵 …… 1 個分
　｜パン粉 …… 大さじ 3
（あれば）ドライオレガノ …… 小さじ 2
塩 …… 5g（肉の重さの 1%）
油 …… 適量

＊オーブンは 180℃に予熱する

作り方

1 ボウルにひき肉と塩を入れ、粘り気が出るまでよく混ぜる。玉ねぎを加えてざっと混ぜ、さらにAを加えてしっかりと練る。あればオレガノをふり、ざっと混ぜる。

2 バットにアルミホイルを敷きこみ、薄く油を塗って、**1**を空気が入らないよう平らに広げ入れる。

3 オーブンの天板にバットをのせ、予熱したオーブンに天板をセットし、25 分ほど焼く。

4 焼きあがったらそのままオーブンの庫内で 25 分ほど休ませる。

note

＊ 粗熱がとれたらジッパーつき保存袋や保存容器に入れ、冷蔵室で保存してください。

食べやすい大きさに切り分け、ベビーリーフなどの葉野菜と、お好みでマヨマスタードソース（P6 参照）を添えてできあがり。ベビーリーフといっしょに、ソースを混ぜながらいただくと、味変を楽しめます。冷蔵保存した場合は、フライパンで少し焼きつけたり、電子レンジで再加熱して、温かい状態でいただくのがおすすめ。

豚ひき肉のパテ風のアレンジ

1 ピーマンの肉詰め

2 オープンオムレツ

3/ パテ風とキャベツのアーリオオーリオ

1/ ピーマンの肉詰め

チーズをふた代わりにして
カリッと仕上げればまた一段とおいしく！

材料（２人分）

豚ひき肉のパテ風 …… 60g
▶半分に切ったピーマンの断面に入る大きさを目安に４等分に切る
ピーマン …… ２個
▶へたは取らずに縦半分に切り、種とわたを取り除く
ピザ用チーズ …… 30g
ピリ辛ケチャップ（P6 参照）…… 適量

作り方

1. ピーマンの断面に**豚ひき肉のパテ風**をひと切れずつ詰める。

2. フライパンにピザ用チーズを４か所に分けて広げて中火で熱し、溶けてきたらそれぞれにピーマンの断面を下にしてのせる。

3. チーズの縁がこんがりとしてきたら、フライ返しで裏返す。水大さじ１（分量外）を加えてふたをし、弱めの中火で４分ほど蒸し焼きにする。

4. 器に盛り、好みでピリ辛ケチャップを添える。

note
豚ひき肉のパテ風が少々大きくてもぎゅっと押しこめば大丈夫。焼くときは油をひくとチーズが固まらないのでそのまま焼きます。

2/ オープンオムレツ

豚ひき肉のパテ風には油がたっぷりあるので炒め油は不要！

材料（2人分）

豚ひき肉のパテ風 …… 40g
　▶手でひと口大に崩す
A ｜溶き卵 …… 2個分
　｜牛乳 …… 大さじ1
　｜塩 …… 小さじ1/5
　｜こしょう …… 少々
　▶混ぜ合わせる
じゃがいも …… 1個
　▶厚さ7mmの半月切りにする
ミニトマト …… 3個
　▶半分に切る
バジル …… 2枚＋適量
オリーブオイル …… 大さじ1

note　じゃがいも以外に、きのこやブロッコリーで作ってもおいしいです。

作り方

1. 直径20cm程度のフライパンを中火で熱し、**豚ひき肉のパテ風**とじゃがいもを入れて炒める。じゃがいもが透きとおってきたらミニトマトを加えてざっと炒め、いったん取り出す。

2. フライパンにオリーブオイルを入れて強火で熱し、Aを流し入れ、菜箸で大きく混ぜながら全体に火を通す。表面が固まってきたら、卵の半面に1と手でちぎったバジル2枚をのせ、卵のもう半面をかぶせる。

3. 器に盛り、バジル適量を添える。

3/ パテ風とキャベツのアーリオオーリオ

ベーコン代わりに使ってもしっかりおいしくしてくれます。

材料（1人分）

豚ひき肉のパテ風 …… 40g
　▶長さ4cmの拍子木切りにする
スパゲッティ …… 80g
キャベツ …… 葉1枚
　▶大きめのざく切りにする
にんにく …… 1かけ
　▶みじん切りにする
赤とうがらし（小口切り） …… 少々
塩・こしょう …… 各少々
オリーブオイル …… 大さじ2

作り方

1. スパゲッティはパッケージの表示のとおりにゆでる。ゆで時間が残り1分になったらキャベツを加え、いっしょにゆでる。

2. フライパンにオリーブオイル、にんにく、赤とうがらしを入れ、弱めの中火で炒める。香りが立ったら**豚ひき肉のパテ風**を加える。

3. 1のゆで汁50mℓ（分量外）を少しずつ加えながら混ぜ、とろっとしたらスパゲッティとキャベツを加えてざっと混ぜ、塩・こしょうで味を調える。

ローストビーフ

パーティーメニューとして大活躍してくれるローストビーフは、脂身の少ない牛もも肉を、低めの温度で焼いて作るのがおすすめです。赤みを残してミディアムレアに焼きあげると、しっとりとした食感が楽しめます。初めにフライパンで表面を焼きつけて、肉汁と旨みを閉じこめておくこともポイント。

仕上げに特製の漬けだれで、ローストビーフの味に奥行きを与えます。しょうがとマーマレードが醸し出す複雑な甘みや苦み、それでいて酸味もほどよく効いているので、後味はさわやか。アレンジ料理でもそのおいしさは存分に発揮されて、料理をワンランク上のおいしさに引き上げてくれることでしょう。

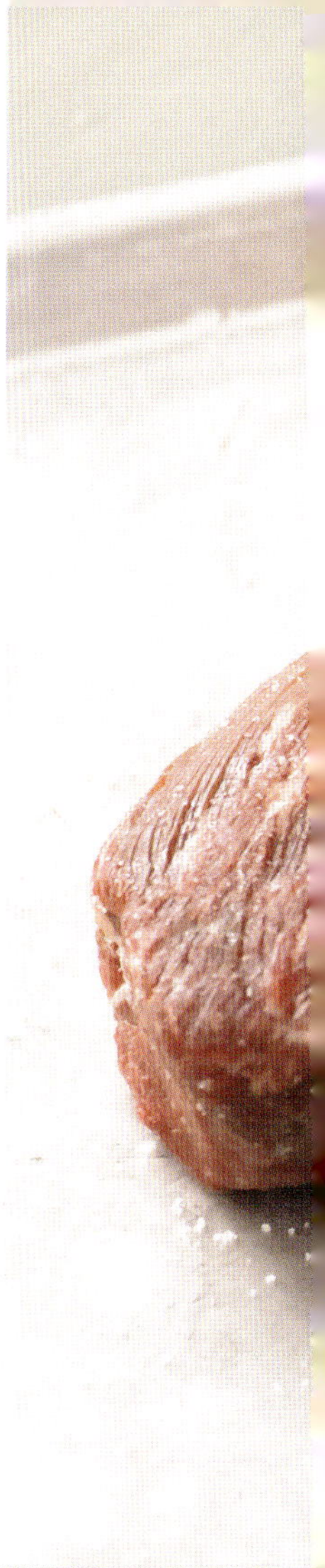

牛もも
かたまり肉

▼

塩をまぶして
常温におく

▼

フライパンで
表面を焼きつける

▼

140℃に予熱した
オーブンで45分焼く

▼

オーブンの庫内で
30分休ませる

▼

完成！
◎冷蔵で4～5日保存可

ローストビーフ

材料（作りやすい分量）

牛ももかたまり肉……600g
▶ペーパータオルで水けを拭き取り、
塩6g（肉の重さの1%）を全体にまぶして、
常温に1時間ほどおく

ズッキーニ……1本
▶厚さ5mmの輪切りにする

にんじん……1/2本
▶斜め薄切りにする

漬けだれ
- オレンジマーマレード……大さじ3
- しょうが（すりおろし）……小さじ1
- 酒……大さじ2
- しょうゆ……大さじ2

▶ジッパーつき保存袋に入れておく

塩……少々
油……小さじ1＋小さじ2

＊オーブンは140℃に予熱する

作り方

1 フライパンに油小さじ1と牛肉を入れ、形を整えるようにして強火で4分ほど全体を焼きつける。水分が出たらペーパータオルで拭き取る。

2 オーブンの天板にアルミホイルを敷き、中央に牛肉をのせる。ズッキーニとにんじんはそれぞれアルミホイルで浅く包み（上は開ける）、すき間に並べて、塩と油小さじ2をふる。

3 予熱したオーブンに天板をセットし、45分ほど焼く。

4 天板をいったん取り出し、ズッキーニとにんじんをはずす。敷いていたアルミホイルで牛肉を包み、天板ごとオーブンに戻して、30分ほど休ませる。

5 漬けだれを入れた保存袋に牛肉を加えてなじませ、空気を抜いて口を閉じ、1時間以上漬ける。

note

＊ 漬けだれごと冷凍保存もできます。
＊ **1**ではフライパンは温めずに冷たい状態で焼き始めます。
＊ ズッキーニとにんじんは半生くらいの仕上がり。しゃきしゃきとした食感になります。粗熱がとれたら別途保存容器などに入れて冷蔵保存してください。
＊ 鉄のフライパンを使うとよりきれいに焼き目がつきます。

漬けだれを弱火の中火でとろみがつくまで煮詰め、ソースにします。ローストビーフは薄切りにしましょう。冷たい状態でもおいしいのですが、もちろんお好みで温めても構いません。いっしょに焼いたズッキーニとにんじんを添えて、ソースをかけていただきます。オレンジマヨネーズソース（P6 参照）もよく合います。

ローストビーフのアレンジ

1 ビビンバ

2 ローストビーフのにら炒め

3/ ローストビーフのサンドイッチ

ローストビーフのアレンジ

1/ ビビンバ

混ぜてのせればできあがり！
まろやかな辛みがくせになります。

材料（2人分）

ローストビーフ …… 60g
▶細切りにする
温かいご飯 …… 2杯分
白菜キムチ …… 適量
卵黄 …… 2個分
A｜もやし …… 1袋
｜豆苗 …… 1袋
▶もやしと豆苗の茎を1分ほどゆで、最後に豆苗の葉も加えてさっと火を通し、ざるに上げて水けをよくきる
B｜ごま油 …… 大さじ1
｜しょうゆ …… 小さじ1/2
｜にんにく（すりおろし） …… 小さじ1/3
｜塩 …… 小さじ1/2
｜こしょう …… 少々
白いりごま …… 適量

作り方

1. ボウルにAとBを入れてよく混ぜる。

2. 器にそれぞれ等分にご飯を盛り、**1**、**ローストビーフ**、白菜キムチ、卵黄を彩りよくのせ、白いりごまをふる。

2/ ローストビーフのにら炒め

一瞬で完成！　肉の甘みを酢で際立たせます。

材料（2人分）

ローストビーフ …… 80g
▶薄切りにしてから食べやすい大きさに切る
にら …… 1束
▶長さ5cmに切る
にんにく …… 1かけ
▶薄切りにする
A｜酢 …… 小さじ1
｜しょうゆ …… 小さじ1/2
｜一味とうがらし …… 少々
塩・こしょう …… 各少々
ごま油 …… 大さじ1

作り方

1. フライパンにごま油とにんにくを入れて中火で熱し、香りが立ったらにらを加えて、さっと炒める。

2. **ローストビーフ**とAを加えてざっと混ぜ、塩・こしょうで味を調える。

note
ローストビーフはやわらかさをキープしたいので、あまり火を入れず、温める程度にします。

3/ ローストビーフのサンドイッチ

切ってはさむだけでおもてなしにもぴったりなごちそうに。

材料（1個分）

ローストビーフ …… 60g
　▶薄切りにする
カマンベールチーズ …… 1/2 個（60g）
　▶ひと口大に切る
ピクルス（市販）…… 2 本
　▶縦に薄切りにする
バゲット …… 1/2 本
　▶中央に切り込みを入れ、
　内側にバター適量を塗る
ベビーリーフ …… 適量
オレンジマヨネーズソース（P6 参照）…… 適量

作り方

1. バゲットに折りたたんだ**ローストビーフ**、カマンベールチーズ、ピクルス、ベビーリーフを彩りよくはさみ、オレンジマヨネーズソースをかける。

note　食パンで作るときは軽くトーストしてから具材をはさんでください。

スチームサーモン

　大きなスーパーなどで見かけるサーモンフィレをうまく活用すれば、毎日の料理がぐんと楽になります。もちろん同じくらいの分量の生鮭でも代用できます。慣れ親しんだ塩鮭や刺身と違う味わいは、食卓に新たなおいしさと彩りを添えてくれるでしょう。

　サーモンフィレは、骨がないのでとても使いやすいのですが、表面が乾きやすく、中心に火が通りにくいという欠点があります。そこでここでは湯せん焼きにします。オーブンの庫内に広がる高熱のスチームのおかげで、全体に優しく火を入れることができるんです。

サーモンフィレ

塩をふり
冷蔵室に20分おく

▼

水けを拭き取り
酒をふる

▼

180℃のオーブンで
15分湯せん焼きにする

▼

完成！
◎冷蔵で4～5日保存可

スチームサーモン

材料（作りやすい分量）

サーモンフィレ（皮なし）……1枚（400g）
▶塩小さじ1/2をふって、冷蔵室に20分ほどおき、ペーパータオルで水けを拭き取って、半分に切る
酒……大さじ1

作り方

1 オーブンの天板に網をセットし、サーモンフィレをのせて、酒をふる。

2 オーブンに天板をセットし、天板の深さの半分程度まで湯を注ぎ、予熱なしの180℃で15分ほど焼く。

note

＊ 粗熱がとれたらラップで包み、ジッパーつき保存袋などに入れて、冷蔵室で保存してください。
＊ 天板用の網がなければ、天板に丸めたアルミホイルを6個程度並べて、その上にバットを置いて、サーモンフィレをのせて焼いてください（P50参照）。

マッシュポテト

材料（作りやすい分量）

じゃがいも……2個（200g）
クリームチーズ……50g
▶常温におき、やわらかくする
塩・こしょう……各少々

作り方

1. じゃがいもは水にくぐらせてラップで包み、電子レンジで7分ほど加熱する。熱いうちに皮をむき、ボウルに移して粗くつぶす。

2. ボウルにクリームチーズ、塩・こしょうを加え、クリームチーズがなじむまでよく混ぜる。

食べやすい大きさに切り、マッシュポテト（右ページ参照）やゆで卵などを添えて、オリーブオイルやレモンゼストを全体にふり、ディルなどといっしょに食べるとぐんとおいしくなります。スチームサーモンは冷たい状態でもおいしいのですが、電子レンジやフライパンで再加熱していただいてももちろん構いません。お好みでどうぞ。

スチームサーモンのアレンジ

1／スチームサーモンのちらし寿司

2/ スチームサーモンとアボカドのカルボナーラ

3/ スチームサーモンとブロッコリーの卵とじ

スチームサーモンのアレンジ

1/ スチームサーモンのちらし寿司

和の料理にもよく合います。混ぜればできあがり!

材料(2〜3人分)

スチームサーモン …… 70g
▶手でほぐす
きゅうり …… 1本
▶厚さ3mmの輪切りにし、塩小さじ1/3をまぶして5分ほどおき、軽めに水けを絞る
温かいご飯(かため) …… 500g
白いりごま …… 適量
A | 溶き卵 …… 2個分
　| 砂糖 …… ひとつまみ
　| 塩 …… ふたつまみ
　| 水 …… 小さじ1
▶よく混ぜ合わせる
B | 砂糖 …… 大さじ1
　| 塩 …… 小さじ1/2
　| 酢 …… 大さじ2と1/2
油 …… 少々

作り方

1. フライパンに油を入れて中火で熱し、Aを加え、手早く混ぜながら炒り卵を作る。
2. 飯台などにご飯とBを入れ、切るようにして混ぜる。**スチームサーモン**、1の炒り卵、きゅうりを加え、さらに混ぜる。器に盛り、白いりごまをふる。

2/ スチームサーモンとアボカドのカルボナーラ

アボカドのおかげでメリハリがきいたひと皿に。

材料（２人分）

スチームサーモン …… 60g
　▶手で大きめにほぐす
スパゲッティ …… 160g
　▶パッケージの表示どおりにゆでる
アボカド …… 1個
　▶3cm角に切る
玉ねぎ …… 1/4個
　▶みじん切りにする
卵黄 …… 1個分
粉チーズ …… 大さじ2
薄力粉 …… 小さじ2
牛乳 …… 200mℓ
塩 …… 少々＋小さじ1/4
粗びき黒こしょう …… 適量
バター …… 10g

作り方

1. フライパンにバターを入れて中火で熱し、溶けたら玉ねぎと塩少々を加え、しんなりするまで炒める。
2. 薄力粉をふるい入れ、粉けがなくなるまで手早く混ぜる。弱火にし、牛乳を少しずつ加えながらとろみがつくまでさらに混ぜる（煮立たせないよう注意）。
3. 火を止め、卵黄と粉チーズを加えて混ぜる。さらにゆでたスパゲッティ、**スチームサーモン**、アボカドを加え、弱めの中火で加熱しながら手早く混ぜ、塩小さじ1/4で味を調える。
4. 器に盛り、粗びき黒こしょうをたっぷりとふる。

3/ スチームサーモンとブロッコリーの卵とじ

加熱する時間が短くて済むので卵がふわふわに仕上がります。

材料（２人分）

スチームサーモン …… 60g
　▶手でほぐす
ブロッコリー …… 4房
エリンギ …… 1本
　▶縦に長さ3cmの薄切りにする
卵 …… 2個
A｜だし汁（かつお） …… 300mℓ
　｜みりん …… 大さじ1/2
　｜しょうゆ …… 小さじ1
　｜塩 …… 小さじ1/2
油 …… 小さじ1

作り方

1. フライパンに油を入れて強めの中火で熱し、ブロッコリーとエリンギを加え、薄く焼き目がつくまで炒める。
2. Aを加え、煮立ったらさらに**スチームサーモン**を加える。溶いた卵を回し入れ、弱火にしてふたをし、3分ほど蒸し煮にする。

塩さばのオーブン焼き

塩さば（「さばの文化干し」と呼ぶこともあります）は、じゃがいもの上に置いて高温で焼くことで、塩さばの水分を逃がしながら、香ばしく焼くことができます。皮はパリッとしたよい食感になりますので、ぜひいっしょに食べてください。もちろんじゃがいもにはさばの旨みが染みこんでいますので、こちらもそのままでおいしくいただけます。

保存するときはオリーブオイルに漬けておくと、しっとりとしたおいしさが楽しめます。ツナ缶のように活用してみてください。身はもちろんのこと、良質な魚の脂と混ざり合ったオイルも、調味料のようにして使えます。オイル漬けにした塩さばは、皮も身もやわらかくなっているので、包丁よりもキッチンばさみで切るのがおすすめです。

塩さば

230℃に予熱した
オーブンで20分焼く

▼

完成！
◎冷蔵で4〜5日保存可

塩さばのオーブン焼き

材料（作りやすい分量）

塩さば（半身・冷凍）……2切れ
じゃがいも……2個
▶厚さ1.5cmの輪切りにする
（あれば）タイム……2枝
オリーブオイル……大さじ3

＊オーブンは230℃に予熱する

作り方

1 オーブンの天板にオーブン用シートを敷き、じゃがいもを並べて、凍ったままの塩さばをのせる。あればタイムをのせ、オリーブオイルを回しかける。

2 予熱したオーブンに天板をセットし、さばの皮がこんがりするまで20分ほど焼く。

note

＊ 塩さばは凍ったまま焼きます。解凍してあるものの場合は、焼き時間を5分ほど短くしてください。
＊ 保存する際はオイル漬けにします。粗熱がとれたら、オリーブオイル大さじ3といっしょにジッパーつき保存袋に入れ、しっかり空気を抜き、身がオイルに浸かるようにして、冷蔵保存しましょう。

食べやすい大きさに切り、いっしょに焼いたじゃがいもを添えていただきます。しっかりと塩が効いているので、ソースなどは特にいりません。切るだけで完成です！

塩さばのオーブン焼きのアレンジ

1 塩さばの焼きおにぎり

2 塩さばと大根のサラダ

3/ 塩さばとズッキーニのトマト煮

1/ 塩さばの焼きおにぎり

ただでさえご飯と相性がよいのに、みそといっしょにこんがり焼くとさらにおいしくなります。

材料（２個分）

A
- **塩さばのオーブン焼き**（オイル漬けにしたもの）……40g
  ▶手でほぐし、骨と皮を取り除く
- みそ……大さじ１

▶混ぜ合わせる

温かいご飯……250g
白いりごま……少々
塩……ふたつまみ
油……少々

作り方

1. 手に塩の半量を広げ、両手をすり合わせる。ご飯の半量をにぎり、三角になるよう形を整える。もう１個も同様に作る。
2. Aを１の両面に押しつけるようにして塗り広げる。
3. フライパンに油を薄く塗って弱火で熱し、２の両面がこんがりとするまで焼いて、白いりごまをふる。

note　オーブントースターや魚焼きグリルで焼くこともできます。様子を見ながら焼いてください。

2/ 塩さばと大根のサラダ

保存用のオイルも活用して、ささっと作れる副菜に。

材料（２人分）

塩さばのオーブン焼き
（オイル漬けにしたもの）……60g
▶1cm角に切る
大根……5cm（150g）
▶せん切りにする
青じそ……１枚

A
- 梅干し……大１個
  ▶包丁の背でたたく
- はちみつ……小さじ１
- 酢……大さじ１
- **塩さばのオーブン焼き**（オイル漬けにしたもの）のオイル……大さじ１

作り方

1. ボウルにAを入れて混ぜ合わせ、**塩さばのオーブン焼き**と大根を加え、ざっと混ぜる。器に盛り、青じそを手でちぎりながら散らす。

3/ 塩さばとズッキーニのトマト煮

カレー粉が臭みを消しつつ、塩さばのおいしさを引き出してくれます。

材料（２人分）

塩さばのオーブン焼き
（オイル漬けにしたもの）……60g
▶幅 2cm に切る
ズッキーニ……１本
▶厚さ 2cm の輪切りにする
トマト缶（カットタイプ）……1/2 缶（200g）
にんにく……１かけ
▶薄切りにする
カレー粉……小さじ１
塩・こしょう……各少々
オリーブオイル……大さじ１＋大さじ 1/2

作り方

1. フライパンにオリーブオイル大さじ１を入れて中火で熱し、ズッキーニを加え、塩をふる。薄く焼き目がつくまで２分ほど焼く。
2. **塩さばのオーブン焼き**、にんにく、カレー粉を加えてざっと混ぜ、さらにトマト缶とこしょうを加えて５分ほど煮る。
3. 器に盛り、オリーブオイル大さじ 1/2 をかける。

料理家・栄養士。「FOODLETTER」主宰。食品メーカーを経て、ケータリング＆フードユニット「CUEL」に7年間在籍。独立後はル・コルドンブルーでフランス料理の基礎を学んだ後、2022年、東京・新富町にアトリエをオープン。料理教室、プライベートレストラン、企業のメニュー開発など、多方面で精力的に活動中。本書が初の著作となる。

橋本彩子
Saiko Hashimoto

撮影　ローラン麻奈
スタイリング　澤入美佳
デザイン　野本菜保子（ノモグラム）
取材・文　味澤彩子
校閲　安藤尚子　河野久美子
編集　小田真一

肉の作りおき オーブンに放りこむだけ！

著　者　橋本彩子
編集人　束田卓郎
発行人　殿塚郁夫
発行所　株式会社主婦と生活社
　　　　〒104-8357 東京都中央区京橋3-5-7
　　　　［編集部］☎ 03-3563-5129
　　　　［販売部］☎ 03-3563-5121
　　　　［生産部］☎ 03-3563-5125
　　　　https://www.shufu.co.jp
　　　　jituyou_shufusei@mb.shufu.co.jp
製版所　東京カラーフォト・プロセス株式会社
印刷所　共同印刷株式会社
製本所　株式会社若林製本工場

ISBN978-4-391-16356-8

十分に気をつけながら造本していますが、落丁、乱丁本はお取り替えいたします。お買い求めの書店か、小社生産部にお申し出ください。

Ⓡ 本書を無断で複写複製（電子化を含む）することは、著作権法上の例外を除き、禁じられています。本書をコピーされる場合は、事前に日本複製権センター（JRRC）の許諾を受けてください。また、本書を代行業者等の第三者に依頼してスキャンやデジタル化をすることは、たとえ個人や家庭内の利用であっても、一切認められておりません。
JRRC https://jrrc.or.jp
Eメール jrrc_info@jrrc.or.jp
☎ 03-6809-1281

© SAIKO HASHIMOTO 2024　Printed in Japan

読者アンケートに
ご協力ください

この度はお買い上げいただきありがとうございました。『肉の作りおき オーブンに放りこむだけ！』はいかがだったでしょうか？　上のQRコードからアンケートにお答えいただけると幸いです。今後のより良い本作りに活用させていただきます。所要時間は5分ほどです。

＊このアンケートは編集作業の参考にするもので、ほかの目的では使用しません。詳しくは当社のプライバシーポリシー（https://www.shufu.co.jp/privacy/）をご覧ください。